दरख़्त के छाँव

रणवीर शर्मा

मेरी इस किताब को मैं अपनी माँ प्यारी भान्जी समिधा और हमारे नए परिवार के सदस्य, मेरी प्यारी चुटकी को समर्पित करता हूँ। तुम दोनों की मासूम मुस्कराहट और खिलखिलाती हंसी मेरे जीवन को रोशन करती है, और तुम्हारे प्यार ने मुझे इस किताब को लिखने की प्रेरणा दी। यह किताब तुम्हारे नाम, तुम्हारे प्यार और तुम्हारी खुशियों के लिए है, और मैं आशा करता हूँ कि यह तुम्हें जीवन के नए रास्ते दिखाएगी और तुम्हारे सपनों को पूरा करने में मदद करेगी। मेरी चुटकी और समिधा, तुम दोनों मेरे दिल की गहराइयों में बसी हो, और यह किताब तुम्हारे लिए मेरा प्यार, आशीर्वाद और शुभकामनाएँ हैं।

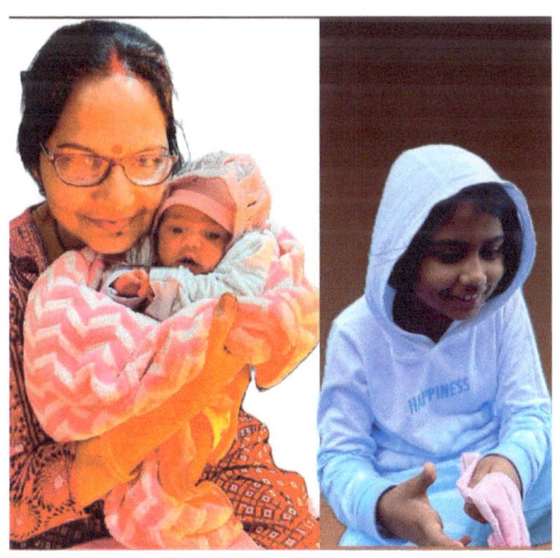

माँ और मेरी दोनों भांजी

क्रम-सूची

क्रम-सूची

क्रम-सूची

प्रस्तावना

मैं नेशनल स्कूल ऑफ ड्रामा में अपने वरिष्ठ, आदरणीय विपिन कुमार से अपनी पुस्तक 'दरख़्त के छाँव' की विचारशील समीक्षा पाकर सम्मानित महसूस कर रहा हूँ। एलटीजी में नव नियुक्त कलात्मक निदेशक के रूप में, 17 साल के करियर और संगीत नाटक अकादमी उस्ताद बिस्मिल्लाह खान पुरस्कार 2023 सहित कई प्रशंसाओं के साथ, विपिन थिएटर की दुनिया में अनुभव और विशेषज्ञता का खजाना लेकर आए हैं। उनका मानना है कि मेरे काम पर अंतर्दृष्टिपूर्ण प्रतिक्रिया नई प्रतिभाओं को पोषित करने और नवीन कहानी कहने को बढ़ावा देने के प्रति उनके समर्पण का प्रमाण है। मैं उनके मार्गदर्शन और समर्थन के लिए आभारी हूं, और मैं उनकी विशेषज्ञता से सीखना जारी रखने के लिए उत्सुक हूं !

दरख़्त के छाँव - कविता संग्रह रणवीर शर्मा की एक बेहतरीन रचना है, जिसमें उन्होंने अपने जीवन के अनुभवों, प्रेम, संघर्ष और विरह की भावनाओं को व्यक्त किया है। इस संग्रह में ग़ज़ल, रुबाई शेर और अन्य कविताओं का संग्रह है, जो पाठकों को कोमल एहसासों की दुनिया में ले जाता है।रणवीर शर्मा की कविताओं में एक गहरी भावना और सच्चाई है, जो पाठक को उनके साथ जुड़ने का अवसर प्रदान करती है। उनकी कविताएँ प्रेम, संघर्ष और विरह की भावनाओं को व्यक्त करती हैं, जो हमारे जीवन में आने वाली चुनौतियों और संघर्षों को दर्शाती हैं। इस संग्रह की एक विशेषता यह है कि इसमें विभिन्न प्रकार की कविताएँ शामिल हैं, जो एक विविध और समृद्ध साहित्यिक अनुभव प्रदान करती हैं। एक अद्भुत भाषा और शैली है, कुल मिलाकर, "दरख़्त के छाँव" एक दिल को छूने वाला कविता संग्रह है। रणवीर एक युवा कवि और लेखक है और मेरा पूरा विश्वास है कि समय के साथ इनकी कविता और जवान होती जाएगी और एक दिन उस बरगद के पेड़ की तरह परिपक्कव हो जाएगी जिसकी छाँव में बैठ कर प्रेम को समझने वाले दिल बरबस ही इनकी कविताओं को गुनगुनाना शुरू कर देंगे! और यही रणवीर की लेखनी का उचित सम्मान होगा! रणवीर यूँ ही लिखते रहो!
शुभकामना सहित विपिन कुमार

भूमिका

मेरी नई किताब, जो हिंदी और उर्दू कविता का संग्रह है, आपके सामने आने को तैयार है। यह किताब मेरे दिल की गहराइयों से निकले विचारों और भावनाओं का परिणाम है, जो मैंने कविता के माध्यम से व्यक्त किया है। हिंदी और उर्दू कविता की दुनिया में मेरी यह पहली पेशकश है, और मैं आशा करता हूँ कि यह आपको पसंद आएगी।

इस किताब में शामिल ग़ज़ल,रुबाई शेर,प्यार, जीवन, संघर्ष और आशा जैसे विभिन्न विषयों पर केंद्रित हैं। मैंने इन कविताओं में अपने अनुभवों, विचारों और भावनाओं को साझा किया है, जो मुझे उम्मीद है कि आपके दिल को छू जाएंगी। मेरी कविताएँ आपको हिंदी और उर्दू कविता की दुनिया में एक नए दृष्टिकोण को प्रदान करेंगी, और आपको जीवन के विभिन्न पहलुओं पर विचार करने के लिए प्रेरित करेंगी।

मैं अपने पाठकों से अनुरोध करता हूँ कि वे इस किताब को पढ़ें और इसके माध्यम से मेरे साथ जुड़ें। मैं आशा करता हूँ कि यह किताब आपको प्रेरित करेगी, आपको सोचने पर मजबूर करेगी, और आपके जीवन में एक नए दृष्टिकोण को जन्म देगी।

इस किताब को लिखने में मुझे बहुत समय और प्रयास लगा है, और मैं इसके प्रकाशन का इंतजार कर रहा हूँ। मैं आशा करता हूँ कि यह किताब आपको पसंद आएगी, और आप इसके माध्यम से मेरे साथ जुड़ेंगे।

पावती (स्वीकृति)

सबसे पहले, मैं यह कहना चाहूँगा कि मैं इस पुस्तक के साथ आपके सामने खड़ा होने के लिए बहुत आभारी हूँ।

इतने सालों में मेरे काम को मान्यता देने के लिए इस प्रतिष्ठित संस्थान के प्रकाशक और नोशन प्रेस अधिकारियों की पूरी टीम को धन्यवाद।

इस पुस्तक के सभी दावेदारों, मैं आप सभी का सम्मान करता हूँ। आपने मेरे लिए उत्कृष्टता के मानदंड स्थापित किए हैं, और आप पहले से ही उसी सूची में शामिल हैं, जो मेरे लिए एक बड़ी उपलब्धि है।

आमुख

जीवन एक कविता है, जिसमें हर पल एक नए शब्द का जन्म होता है। हर अनुभव, हर भावना, हर विचार एक कविता का हिस्सा बन जाता है। और जब हम इन शब्दों को एक साथ जोड़ते हैं, तो एक नई कविता का जन्म होता है।

मेरी यह किताब भी एक ऐसी ही कविता है, जिसमें मैंने अपने जीवन के अनुभवों, भावनाओं और विचारों को साझा किया है। यह किताब मेरे दिल की गहराइयों से निकले शब्दों का संग्रह है, जो मुझे उम्मीद है कि आपके दिल को छू जाएंगे।

इस किताब में मैंने प्यार, जीवन, संघर्ष और आशा जैसे विभिन्न विषयों पर कविताएँ लिखी हैं। मैंने इन कविताओं में अपने अनुभवों और भावनाओं को साझा किया है, जो मुझे उम्मीद है कि आपको प्रेरित करेंगी और आपके जीवन में एक नए दृष्टिकोण को जन्म देंगी।

मैं आशा करता हूँ कि यह किताब आपको पसंद आएगी और आपको प्रेरित करेगी। मैं आशा करता हूँ कि आप इन ग़ज़ल रुबाई शेर को पढ़कर अपने जीवन में एक नए अर्थ को खोजेंगे और अपने सपनों को पूरा करने के लिए प्रेरित होंगे।

तो आइए, इस किताब की यात्रा पर चलें और देखें कि जीवन की कविता हमें क्या सिखाती है। आइए, अपने दिल की गहराइयों में उतरें और देखें कि हमारे अनुभव और भावनाएँ हमें क्या सिखाते हैं। आइए, इस किताब को पढ़ें और अपने जीवन में एक नए दृष्टिकोण को जन्म दें।

1. ग़ज़ल

हर रोज एक नई गजल तुझपे लिखता हूं मैं
आंखें याद रखता हूं, चेहरा भूल जाता हूं मैं
कभी जो देख लेता हूं अपने ख्वाबों में तुझको
इस क़द्र तड़पता हूं बंद आंखों से रो देता हूं मैं
हो कोई नया सवेरा तो तुझे मिलकर बताऊं
ना जाने कितने हसीं चेहरे हर रोज ठुकरा देता हूं मैं
मेरी आवाज पहुंच रही है तुम तक तो ये जान लो
जौन गालिब तो नहीं इस दौर का दूसरा जानी हूं मैं
तुझे भूलने की कोशिश में इतना पागल हो चुका हूं
बिस्तर पर आँख लगते ही तेरे पास चला जाता हूं मैं
कभी खुद को इधर तो कभी उधर रखने लगा हूं
जो बातें कही नही वो बातें कहीं ढूँढने लगा हूँ मैं
यही गशग़ाले अज़ीज़ है इस हिज्र ज़ाद को अब
इश्क़ क्या हैं,नहीं जानता सिर्फ़ तुझे जानता हूँ मैं

2. तुम नहीं हो

वीरानियाँ है मेरे चारों तरफ जो तुम नहीं हो
शिकायत -ऐ- सितम है तेरा और तुम नहीं हो
चलते सफर पर ये कहकर उसने छोड़ा मुझको
हमसफर जो होगा मेरा शायद वो तुम नहीं हो
लाखों परेशानियों से घिरा रहता है दिन और रात
इश्क जो जिंदा है हुबाहू तेरे जैसा है,पर वो तुम नहीं हो

3. कहां हो तुम

ज़मीं - आसमाँ हर जगह ढूँढ रहा हूं,कहां हो तुम

मैं कतरा- कतरा हर रोज मर रहा हूं,कहां हो तुम

मिलेंगी मंजिल मुझे बस इसी ए'तिमाद पर जिंदा हूं

तुम चले भी आओ आंखें मूंद रहा हूं,कहां हो तुम

मुफलिस समझते हैं आस - पास के मेरे कुछ लोग

नादान मैं तुम सभी की शक्ल पढ़ रहा हूं कहां हो तुम

रणवीर जो इश्क सिखाई थी तुमने वो याद है मुझको

मगर वो इश्क अब किसी से निभा रही हूं कहां हो तुम

4. क्यों नहीं आता

ज़हन में जो है मेरे उसे मैं भूल क्यों नहीं जाता
कहां था कहाँ आ गया हूं मैं लौट क्यों नहीं जाता
ख़ामोशियों ने इस क़द्र जकड़े रखा है मुझको
जीना नहीं चाहता अब मैं मर क्यूँ नहीं जाता
खुद से खुद को ही लगता है डर वो भी रात भर
जो ख्याल मुझे आता है वो उसे क्यों नहीं आता
न जाने कितने रास्ते बदले है तुमने ऐ रणवीर
ऐसे किसी रास्ते पर मुझको मिल क्यों नहीं जाता
पढ़कर नज़्म मेरी उसके अश्कों ने ये कहा मुझसे
जो तूने लिख दिया आख़िर तू बोल क्यों नहीं पाता

5. तुम एक शाम

तुम एक शाम मुझे उधार दो
तेरी यादें बोझ है उतार दो
रूह तक सौंप दूं तुम्हें अगर
मुझे इस नर्क से निकाल दो
पागलों सा बनकर फिरता हूं
तुम आओ मेरा बाल सवार दो

6. इश्क़ कर बैठे

उदासी सी एक ख़ुमार है हम इश्क़ कर बैठे
हम उनसे वो किसी और से इश्क़ कर बैठे
हक़ीक़त से दूर ख़्वाबों में जा बसी है ज़िंदगी
देखो हम आज भी उसी का इंतजार कर बैठे
बनाकर पागल वो मुस्कुराकर मुझसे पूछता है
कैसा इश्क़ है रणवीर तुम कैसा इश्क़ कर बैठे

7. भूलने जा रहा हूँ

न जाने क्यों मुझे तकलीफ हुई तभी बता रहा हूं
तुमसे दूर किसी अजनबी के करीब जा रहा हूं
पागलपन कहूं या शिद्दत तुझसे इश्क़ निभाने का
हालात देखकर छोड़ा था हालात बदलने जा रहा हूँ
ये मेरे अश्क है जो तुझसे बिछड़ने पर भी ना गिरे
खुश हूं पर ये भी सितम है तुझे भूलने जा रहा हूं
न थी उम्मीद और ना रास्ता तेरे लौट के आने का
अब ये सूखे गुलाब दरिया में बहाने जा रहा हूं मैं

8. हाल हमारा

इश्क़ ने ऐसा किया हाल हमारा

एक ने नहीं सबने पूछा नाम तुम्हारा

मेरी उम्र तक लग जाये तुमको

कभी ऐसा भी था इश्क़ हमारा

जहाँ हो जैसे भी हो खुश रहो तुम

बस नाम मत भूल जाना तुम हमारा

9. क्या हुआ

क्या हुआ है तुझको तू इतना परेशान क्यों है
लौट जाते हैं मुसाफिर रास्तों से अनजान क्यों है
देख तेरे शब्द जख्मों का मरहम बना बैठा है
माफ कर दे रणवीर तेरा इंसाफ हर शाम क्यों है
निकाल कर फेंक दिया है ना तुमने यादों से
फिर आज भी तुझे उसी का इंतजार क्यों है

10. मरने से पहले

जिस्म छूना ज़रूरी नहीं रूह में उतरने से पहले
सोचो एक और मर्तबा इंतज़ार करने से पहले
वो लोग रहते है बैचेन अपनी पूरी ज़िंदगी भर
जिस किसी इश्क़ हो जाये प्यार करने से पहले
माना कि नहीं है हक़दार हम तेरी दीदार का भी
याद रख हर अक्स उतार दूँगा मैं मरने से पहले

11. तुम क्यों आए

सुना पड़ा है दिल ये मकान ,तुम क्यों आए...

हाल ऐ दिल बन गया है शाम,तुम क्यों आए...

जिसे देखा नहीं एक आरसे से मैंने

वो फिर बना है किसी की जान,तुम क्यों आए...

शायरों को मत देख ऐसी नजरों से

रह जाते हैं दिलों दिमाग में सवाल,तुम क्यों आए...

कुछ गलतियां सुधारी नहीं जाती

बिछड़ना ही है जिसका परिणाम तुम क्यों आए...

नाराजगी शिकवा ना गिला है कोई

मगर भूल जाऊं कैसे वो नाम आखिर तुम क्यों आए...

12. आवाज ना हो

रातें इतनी लंबी हो और इंतजार कम ना हो
तुम ढूँढते फिरों मुझे और मुलाकात ना हो
जाते - जाते बद्दुआ भी साथ लेती जाओ तुम
इश्क हो तुझे किसी से और मुकम्मल ना हो
भला किसे दिखाते दिल हम अपना रणवीर
जो टूटा हो और टूटने का भी आवाज ना हो

13. तेरे हुस्न

तुम्हारी खूबसूरती को करें बयाँ मैं ऐसे अल्फाज बना रहा हूं

तुम्हें मेरी भी कमी महसूस हो कुछ ऐसे ख्वाब सजा रहा हूं
आईने की क्या मजाल तेरे हुस्न की मसाफ़त पर रिफाकत करें

रौशन करदो मेरा मज़ार सदाकत के सारे दिये बुझा रहा हूं
जश्ने शहनाई नूर है आपका आप एक नहीं हजार इश्क कीजिए

जो इश्क अधूरा रहने दिया मैं वो इश्क़ अब-तक निभा रहा हूं

14. कह ना सका

तुम बहुत खूबसूरत हो कह ना सका
आंखों की जरूरत हो कह ना सका
जुल्मत में आफताब जलाने की बात थी
तुम रूहे रौशन चिराग हो कह ना सका
डरता रहा तौहमत ना लगे मेरे किरदार पे
हलक में थी बात जो बात कह ना सका
दिखाई तेरी तस्वीर जब अपने दोस्तो को
तुम हसीन हो सब ने कहा मैं कह न सका

15. मैं उसका हुआ

एक बात सुनो मेरे साथ कुछ ऐसा हुआ
हम दोनो की नजरें मिली मैं उसका हुआ
वो कहती रही दूर जाना नहीं तुम मुझसे
फिर मुझको छोड़ गई और मैं पागल हुआ
अब ना दीदार है और ना गुफ्तगू रही उनसे
आलम है कि इंतजार हुआ सिर्फ इंतजार हुआ

16. जवाब दे

मेरा सूरत या सीरत खराब लगा, जवाब दे
प्यार झूठा या आंखों में तू नहीं था,जवाब दे
तुझसे इश्क़ निभाने में एक उम्र गवा दी मैंने
फिर क्यों तू मेरा नहीं मैं तेरा नहीं,जवाब दे
जिंदा लाश के जैसे गुजर रही है जिंदगी मेरी
ऐसी जिंदगी का भला मैं क्या करू जवाब दे
तेरे बाद एक चेहरा भी भाता नहीं है मुझको
एक तेरा ही चेहरा और मैं कहां ढूँढू जवाब दे
मैं ऐसा क़त'ई नहीं था जैसा अब हो गया हूं
मैं अब कैसे हो जाऊं पहले जैसा, जवाब दे

17. बद्दुआ दे

बेगैरत कह गाली दे या दुआ दे मुझे
मुझे मौत पसंद है तू बद्दुआ दे मुझे
तू भी लुटा जाएगा एक रोज मेरी तरह
सह सको जितना उतना ही दर्द दे मुझे
ये भी है डर फिर तेरा क्या हाल होगा
आवाज देकर देखना जब जरूरत हो तुझे
ना कर सके तुम प्यार तो कोई बात नहीं
ये क्यों नहीं सोचे कैसा लगता होगा मुझे

18. ताउम्र

तेरे आने का इंतजार रहा ताउम्र
झूठे वादों पर एतबार रहा ताउम्र
गहरे ज़ख़्म पिरोये अपने सीने पर
फिर भी मुझे तुझसे प्यार रहा ताउम्र
जाते हुए भी पलट कर ना देखा मुझको
वो एक चेहरा मुझको याद रहा ताउम्र
हो कोई नसीब का मारा ना मुझे ऐसा
मैं हमेशा से जीत कर हूं हारा ताउम्र

19. जैसी तुम

एक हर्ष मैं लिखूं और जर्फ़ जैसी तुम
ज़िस्म मेरा जल रहा और बर्फ जैसी तुम
पढ़कर नज़्म पागल कहकर हंसते हो
मैं कभी वैसा था ही नहीं हो जैसी तुम
शेरो शायरी ये नज़्म ग़ज़लों की बातें
यही इश्क है मेरा पहले थी जैसी तुम

20. भारी पड़ा

हर इंतजार एक इन्तेज़ार पर जाकर भारी पड़ा
सुबह से शाम फिर शाम पर वो रात भारी पड़ा
धरी की धरी रह गई सारी कमान मेरे तरकश में
उसके एक-एक लफ़्ज़ मेरे ज़ख्मों पर भारी पड़ा
कई नज्म कैद है आज भी मेरे किसी तयखाने में
वो मेरा आखिरी गजल ज़माने भर पर भारी पड़ा

रुबाई

21. ख्वाब

टूटे हुए दिलों के लिए ख्वाब देखता हूं मैं
जमीं से आसमाँ बिल्कुल साफ देखा हूं मैं
अब कोई भी काम यूं ही नहीं करते हम
पैसे से पहले शख़्स में इमां देखता हूँ मैं

22. देखा है क्या

मैंने इश्क किया है तुमने देखा है क्या
मैंने इश्क लिखा है तुमने पढ़ा है क्या
आंखें नशीली बातें जहरीले हुस्नअंगार थी
मैंने कहीं खो दिया है तुमने देखा है क्या

23. गिला है मुझे

जिंदगी से यही गिला है मुझे जो चाहिए वो कभी नहीं
मिलता
मैं ही पूरी रात बोलता हूं यह तस्वीर मुझसे कुछ भी नहीं
बोलता
उजालों के सबब याद है मुझे अंधेरों में भी जो नहीं मिलता
मेरे सारे जख्म भर जाते हैं दिल का ज़ख्म कभी नहीं
भरता

24. नहीं मिलता

इस जहाँ में हर किसी को हर कुछ नहीं मिलता
जिसको मकान मिलता है उसको घर नहीं मिलता
और इतनी सी बात पर तुम हौसला हारकर बैठे हो
इनाम सबको मिलता है ईमान सबको नहीं मिलता

25. तो मैं बात करूं

लफ्ज नहीं खामोशी पढ़ सको तो मैं बात करूं
मैं उसको वो सिर्फ मुझे देखें तो मैं बात करूं
नाज ऐसे उठाऊँ पलकों पर बिठा कर रखूं
रानी मुझे राजा बना कर रखे तो मैं बात करूं

26. उसकी बातें

ना वो सुन सका मेरी ना मैं उसकी बातें
किसी कोने में दबी रही मेरी उसकी बातें
मुफ़रद रहने में मुझे कोई हर्ज़ तो नहीं मगर
चाहता था वो करें मेरी मैं करूँ उसकी बातें

27. मैं खड़ा था

मैं खड़ा था वहां जहां तुम देखें ही नहीं
मैं भला कैसे रोकता तुम रुकते ही नहीं
फ़ासलो ने मेरी तबीयत बिगाड़ रखी है
मैं आज भी हूं वहां जहां तुम हो ही नहीं

28. कफ़न

सुबह भी उदास थी शाम भी उदास थी
कफ़न में लिपटी मेरे इश्क की लाश थी
मेरे चाहने वालों मुझे वही दफन करना
जहां मेरी उसकी पहली मुलाकात थी

29. हम हुए है

जलील समझते हैं आप, हम हुए है
एक बार नहीं बार - बार ,हम हुए है

मेरी मुस्कुराहटों पे भला क्यों जाते हैं
मुस्कुराने के वजह से भी जलील हुए हैं

30. जिस्म को बिस्तर

कभी यहां तो कभी वहां मुँह मरने वाले
खुश रहते हैं जिस्म को बिस्तर बनाने वाले

नेक दिल वालों को अब कौन पूछता है
फरेबो को मिल जाते हैं दिल लगाने वाले

31. किसी के साथ

मैं फिर इश्क नहीं कर सका किसी के साथ
उसने भी सिर्फ इश्क निभाया किसी के साथ

सीख कर गया था रूहानी सा इश्क़ मुझसे
इश्क़ उसने करके दिखाया किसी के साथ

32. तुम ही तो हो

मुझमें जो एक अधूरा अक्स है वो तुम ही तो हो
खाली रातों में मेरे सबसे करीब वो तुम ही तो हो
मेरे ग़ज़ल की आख़िरी शेर जैसी पहर सी तुम
मेरे निजाम की जो खूबसूरती है वो तुम ही तो

33. अच्छे नहीं लगते

झूठ अच्छे लगते हैं अब मुझको सच्चे अच्छे नहीं लगते

सवालों से घिरा मैं अब मुझको जवाब अच्छे नहीं लगते

वापस आने की सोचना मत ना मैं चाहता हूं तुम आओ

पहले अच्छे लगते थे मगर अब तुम मुझे अच्छे नहीं

लगते

34. मंजिल

आप अपना साथ बनाए रखिए वक्त बदलने वाला है
जिन रास्तों पर भटके थे मंजिल वही लेकर जाने वाला है
क्या करें हम तो थे ही हमेशा से उसके लिए पागल
चलो अब उठ लिया जाये वो कौन सा आने वाला है

35. मुझको

महफ़िलों से अब अच्छी दूरी है मुझको
रातें बताती है तेरी काली करतूती मुझको
ये दिल जो कभी किसी से लगता ना था
देख कर दिया बर्बाद ये जवानी मुझको

36. गुफ्तगू

एक आईना रूबरू है अभी
उसकी खुशबू से गुफ्तगू है अभी
वही खानाबदोश उम्मीद है मेरी
वही सब्र और वही जूनून है अभी

37. मैं क्या देखूं

पास लगता है दूर दूर कितना पास मैं क्या देखूं
बड़ा जितना हुआ वह सब मेरे साथ मैं क्या देखूं
  नफ़्स टटोलकर मुस्कुरा रहे हैं जो मेरे अपने लोग
उन्हें नहीं है याद,याद जो मैं भूलता नहीं मैं क्या देखूं

शेर

38. कातिल

झूठ को झूठ और सच को हम सच भी ना कहे
तुम कत्ल करो तो ठीक हम कातिल भी ना कहे

39. औकात

दर-दर फिर रहा था औकात ही क्या थी मेरी
तुमने मेरा दामन छोड़कर मेरा दाम बढ़ा दिया

40. अच्छा इंसान

आंसू हर कदम पर देते हैं लोग आप किसी की मुस्कान बनिये
अमीर बनिये , गरीब बनिये सबसे पहले अच्छा इंसान बनिये

41. खाली जगह

कैसे कहूं वो बातें जो मैं खुद से भी नहीं कह पाता
अब वो खाली जगह मैं किसी को नहीं दे पाता

42. गलतियों

मैं तेरे हर गलतियों का हिसाब खुदा पर छोड़ता हूँ
सजा दे या माफ करें मैं हमेशा के लिए छोड़ता हूँ

43. ख्यालों पे

कोई तो लगाम लगाओ मेरे इन ख्यालों पे
उसका होने देती है ना किसी का होने देती है

44. जो बातें

कभी इधर कभी खुद को उधर रखता हूं मैं
जो बातें हुई नहीं उनके मतलब ढूंढता हूं मैं

45. मशवरा

कोई क्या ही देता मशवरा ग़ालिब मुझको
आफताब किया है खुद को फिर जगमगाये हैं

46. ख्याल बुरे

बीते हैं मेरे कुछ साल बुरे जख्मी दिलों के हैं हाल पूरे
देखकर कमरे के इस पंखे को क्या बताऊँ आते हैं ख्याल
बुरे

47. हार गए

तुम वही हो ना जो रास्ता भटक गए हो
इश्क में हार गए हो और इश्क से डर गए हो

48. घर बनाना

बड़ा आसान है मकान बनाना जो मैं बना दूंगा
मुश्किल है घर बनाना जो बना सको तो बता देना

49. चिराग

तुम्हें देखता हूं और मुझे ऐसा लगता है
तूफान सीने में हो तो चिराग जल सकता है

50. मौन हूं

मैं मौन हूं मेरे अंदर का शोर को पढ़ो तुम
इतना भी नहीं समझते तो चलो आगे बढ़ो तुम

51. जीता कैसे

टूटा हुआ मैं फिर जुड़ता कैसे तू ना होता तो फिर मैं जीता
कैसे
तू यार मेरा जख्मों का मरहम है तू जिंदगी यह समझा
पाता कैसे

52. खूब पढ़ा

गजल नज्म सब ने खूब पढ़ा तेरा ग़ालिब
दुख हुआ किसी एक ने भी तेरी बात नहीं मानी

53. मत्था टेक

तुम मत्था टेक कर भी इतनी सी बात नहीं समझे
जब नियत कर ली जाये फिर तोडा नहीं करते

54. एक चेहरे

कोई जरूरत नहीं मुझको एक नए चेहरे की
अब एक चेहरे में कौन भला दुनिया देखता है

55. बड़ा महंगा

इश्क करना बड़ा महंगा पड़ा ग़ालिब मुझको
इतना महंगा की फिर मैं सस्ता हो गया

56. तोहिद

हम इश्क में भी तोहिद के कायल है ग़ालिब
एक से इश्क किया फिर उसे कभी जाने नहीं दिया

57. चिराग

हवा को और भी तेज कर गए हैं लोग
हाथों में चिराग लेकर न जाने किधर गए हैं लोग

58. आपके कर्मों

मैं आपके कर्मों को हमेशा जिंदा रखूंगा
मैं जितना बड़ा बनेगा उतना झुक कर रहूंगा

59. तेरे इंतजार

अपनी हदों के पार जा रणवीर
देख महफिल कब से तेरे इंतजार में है

60. ज्यादा खतरनाक

जिस भी शख्स के दिल में लगी आग है
फिर वह चिराग से ज्यादा खतरनाक है

61. दो हिस्सों

दो हिस्सों में बट जाती है जिंदगी मेरी
एक तेरे आने से पहले दूसरे तेरे जाने के बाद

62. मंजिल

अपने रास्ते कोई और बदल लेता है
मंजिल किसी की बदल जाती है

63. हार गया

एक और रात यह सोचने में निकल गई
मैं हार गया या फिर वो जीत गई

64. ज़ख्म

मैं जब कभी आंख दिखाती हूं उसको वह हाथ उठाता मुझपे
मैं एक ज़ख्म भरने को कहती ज़ख्म ही ज़ख्म भर देता मुझमें

65. सौ बार

तुमने एक बार भी मेरे बारे में नहीं सोचा
एक हम हैं तेरे गाये गाने को सौ बार सुनते हैं

66. महज़

ये सब महज़ एक ख्वाब है मेरा
जो कुछ भी लिखता हूं वैसा नहीं हूं मैं

67. घर

तुम कहाँ जाओगे ये सोचो रणवीर
लोग थक हार कर तो घर जाते है

68. दुनिया

कौन यकीन करेगा तुम ऐसा भी करोगे
दुनिया से दूर रखकर दुनिया सा करोगे

69. शर्मिंदा

लहजा समझ आ जाता है मुझे लोगों का
बस उन्हें शर्मिंदा करना मेरा मिजाज नहीं

70. खुश

सभी को खुश करने में हम खुश होते रहे
किसी ने हाल पूछा नहीं हम ही पूछते रहे

71. कुचलता

लोग थे मेरे साथ मैं अकेला यहां तक नहीं आया
देर हुई पहुंचने में मैं लोगों को कुचलता हुआ नहीं

72. लेहजा

किसी ने लेहजा बदला तो किसी ने बदल लिये रास्ते
हमने फिर खुद को बदला और बदल दिए सारे रास्ते

73. लौट जाओ

ख़्वाब में भी तेरे पीछे ही भागते देखा ख़ुद को
तुम आख़िर ये कह क्यों नहीं देते "लौट जाओ"

74. ख़ुदकुशी

यही सोचकर ख़ुदकुशी नहीं की मैंने
माँ को लगता, मैं उसे ज्यादा चाहता था

अलविदा

"दरख़्त के छाँव" में चलो बैठ ले थोड़ी देर
कोई नहीं सुनता वो सुन लो तुम थोड़ी देर"

"'दरख़्त के छाँव' पढ़ने के लिए धन्यवाद। मुझे आशा है कि आपको इस पुस्तक के माध्यम से एक अर्थपूर्ण और विचारोतेजक यात्रा का अनुभव हुआ होगा।

यदि आपके पास पुस्तक से संबंधित कोई प्रश्न या प्रतिक्रिया है, या यदि आपने कोई त्रुटि या असंगति देखी है, तो कृपया मुझसे संपर्क करने में संकोच न करें। मैं आपकी प्रतिक्रिया के लिए आभारी रहूंगा और भविष्य के संस्करणों में सुधार करने में आपकी मदद की सराहना करूंगा।

आप मुझसे इंस्टाग्राम @iam_ranvir पर या नीचे दिए गए संपर्क जानकारी के माध्यम से संपर्क कर सकते हैं।

संपर्क:

[Ranvir125@gmail.com]

[9529117710]

मैं आपकी प्रतिक्रिया की प्रतीक्षा कर रहा हूं और एक बार फिर से इस यात्रा का हिस्सा बनने के लिए धन्यवाद।

सादर,

रणवीर"